식물 킬러의 곰손 극복 분투기!

다육해줘

우리나비

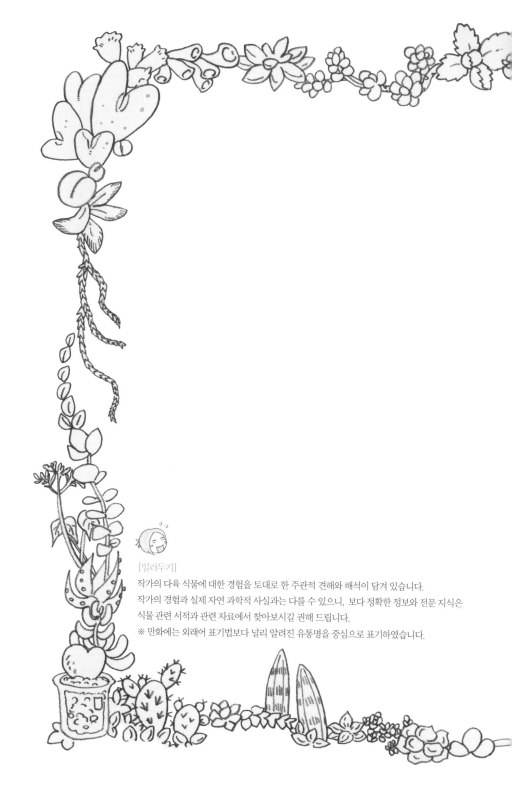

[일러두기]
작가의 다육 식물에 대한 경험을 토대로 한 주관적 견해와 해석이 담겨 있습니다.
작가의 경험과 실제 자연 과학적 사실과는 다를 수 있으니, 보다 정확한 정보와 전문 지식은
식물 관련 서적과 관련 자료에서 찾아보시길 권해 드립니다.
※ 만화에는 외래어 표기법보다 널리 알려진 유통명을 중심으로 표기하였습니다.

그동안 죽인 식물들

리톱스 시즌 1(리틀이)
아메치스, 오비포럼, 방울복랑, 오베사, 만손초, 핑크반질리, 룬데리,
화제, 희성미인 1, 희성미인 2, 마크로칼릭스, 세무리아, 펜덴스 2⋯
율마, 아비스, 부레옥잠, 보스톤고사리, 아디안텀, 애니시다, 히아신스, 카네이션⋯

들에게 미안함과 고마움을 표합니다.

차례

또 죽이고야
말았다.

왜 자꾸
죽이는 걸까?

죄책감은 쌓여만 간다.

많이 듣는 레퍼토리.
하지만 당황하지 않고오~

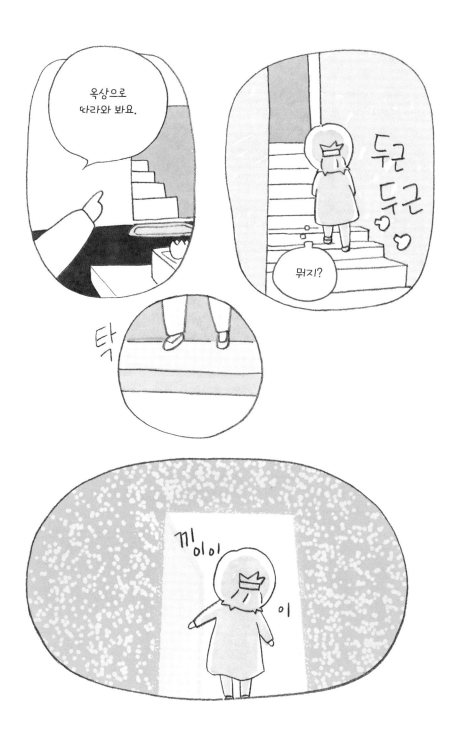

우와~

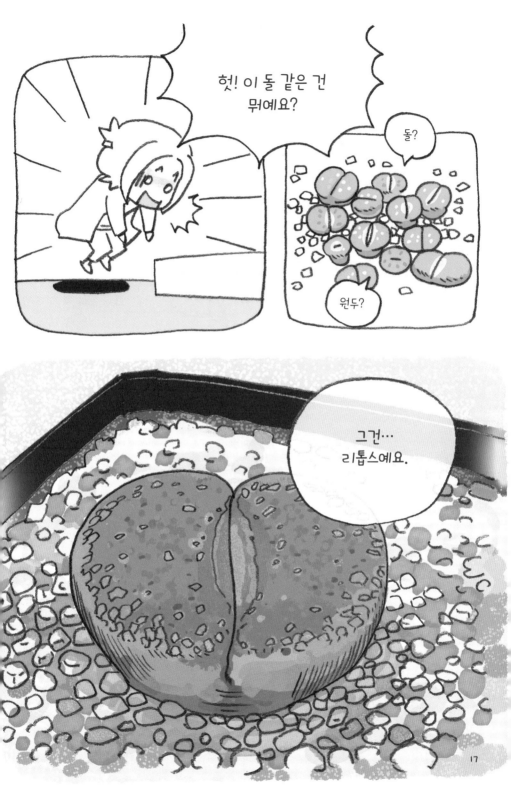

이 녀석으로
할게요.

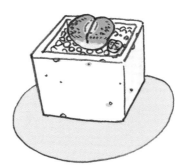

나의 첫 다육이.
리톱스.
2013년 어느 날.

● 1화 ●

초보 다육러의 탄생

식물 킬러 그는 누구인가

직업: 생계형 만화가
성격: 소심, 예민예민

특징: 돈에 집착, 은근 집순이
그린 라이프를 꿈꾸지만 식물 킬러.

소노

깜박 깜박

무관심

1년 이상 함께한
식물이 없다.

물 자주 주고
싶은 욕망

금방 싫증

식물에 자주
안 가는 게으름

식물 킬러가 주로 키우는 식물

율마

누구나(?) 죽여 봤다는
그 율마! 식물러에게도
난이도 높은 허브 식물.

하야신스

꽃이 지면 죽은 줄 알지만
구근 식물이기 때문에 잘 보존하면
이듬해에도 꽃을 볼 수 있음.
하지만 동사하기 쉬움.

etc. 봄꽃 화분

봄에 쏟아져 나오는
예쁜 꽃 화분들.
혹해서 들이지만
킬러의 손에서는 단명….

으익! 정곡을
찔렸다.

뭔가 그럴싸해
보이는 식물들만
들인 것 같네.

그것이 문제였을까….

과연?

23

그리고 며칠이 지났을 무렵.

ㄴ둥

잘 있었니?

킬러의 첫 번째 시련이 시작된다.

어쩐다….

식물을 살 때 꽃집 주인들은 이렇게 얘기한다.

일주일에 한 번 물 주면 돼요.

리얼리?

여기서 킬러의 고민은 또 시작되는 것이다.

꽃집에선 물을 언제 줬는데? 그로부터 일주일?

아님 집에 온 뒤 일주일일까? 추정치? 대략 줘도 되는 거야? 일주일에서 하루라도 넘기면 어떻게 되는 거지?

넘 어려워.

그리고 좀 더 친절한 꽃집에선 상세히 알려 준다.

흙에 손가락 마디를 넣어서요~

* 이는 나중에 깨닫게 되는데, 오래 키우다 보면 평소 화분의 무게를 알게 되기 때문

도구별 물 주기

본인의 취향대로! 골라 보자~

편리!

플라스틱 분무기

저렴하고 실용적.
스타일은 안 난다.
소형 식물에 맞는 방식.
테라리움에 물 줄 때도
꽤나 용이하다.

우아,
뿜뿜.

철재 물조리개

클래식하고 빈티지한
가드닝 스타일. 영어로
watering can. 하지만
관리하기 힘들 수 있다.

가장 실용적!
가성비 갑!

1.5ℓ 생수 페트병

의외로 가장 편리한 물 주기 도구.
화분이 많을 때 많은 양의 물을
담을 수 있다. 단점은 작은 화분엔
조절이 좀 힘들 수 있고 가득 채우면
꽤 무겁다.

복구되지 않으니 조심!

물의 처리

수돗물에는 화학적 성분이 남아 있어서
물을 받아서 하루 정도 두었다 두면 좋다.
그렇다고 정수기 물로 주지 않음에 유의.

대부분의 다육 식물은 밑으로!
잎에 솜털이 있거나 하얀 가루로 코팅된 아이들은
특히 그쪽에 물이 닿으면 복구되지 않는다.

물 주기 TIP

물 주는 타이밍

직사광선이 내리쬐는 시간을 피해

그동안 킬러들은 아무 때나 자기가 생각날 때에 물을 줬을 것이다.

미래 소노

하지만 타이밍은 중요!

이른 아침

이나

저녁에 물을 준다.

햇빛이 있을 때 주면 수분으로 인해 식물이 뜨거워져서 안 좋기 때문.

달팽이는 식물의 적!

개인적으로 애벌레, 개구리를 좋아하는데,

손으로도 만질 수 있어요. 헤~

놉!

그리고 달팽이는

개구리는 화상을 입는다고 하니 절대 NO.

귀여운 동물이지만 식물에게 있어선 단지 해충일 뿐.

엄마의 야생화 화분에서 자주 목격.

밤에 화분 밑에 숨어 있다 나와 몰래몰래 이파리를 먹어 치운다.

들켰네.

민달팽이

안타깝지만 보이는 즉시 Kill…. 또르르.

습을 좋아하는 달팽이를 피하려면 아침에 물을 주는 것이 좋다고 하네요.

※ 아열대 지방에서 자라는 종도 다수

가장 중요한 특징은 다른 식물과는 달리
밤에 '기공(氣孔)'을 연다는 것!

이를 CAM
(Crassulacean
Acid Metabolism)형
식물이라고 해.

우리 밤에
숨 쉬지.

ZZ ZZ

후 후

알로에를 비롯하여 돌나물과 등 많은 식물군이
다육 식물에 속한다.

봄에 무쳐 먹는
그 돌나물.

먹지 말고
피부에
양보하세요.

그렇다면 수분 자체인
선인장도 다육 식물인가?

Yes!

독립심 강한
선인장은 뒤에서
따로!!

고럼.
고럼.

형태도 다양해서

[가시옷형]
선인장류

찔림
다친다잉~

[돌로 위장형]
리톱스류

나 어딨게?

어딨게?

33

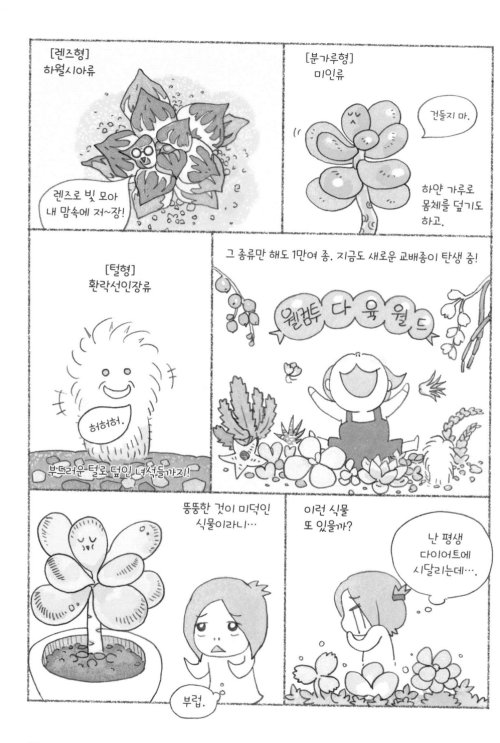

척박한 환경에서 살아남기 위한 술책, 진화.

그들의 생존력에 고개를 숙이게 된다.

나는 그만큼의 노력을 하고 있… 나?

독립했으면서 부모님 집에 자주 옴.

같이 좀 가자~

아, 귀찮아.

어디 가는데?

일산 화원에 살 거 있어서.

화원?

밥 사 주면 가고~

그래

ㅇㅋ

아! 참고로 엄마는 야생화 가꾸기가 취미.

아~ 빨리 좀.

나 이것 좀 하고.

분재나 야생화는 정말 취향이 아니다.

으~ 인위적이야.

이놈의 달팽이가 또 다 뜯어 먹었네!!

으~ 불쌍한 달팽이.

와… 큰 화원은 처음.

다육ㅇ화원

어? 저긴~

이건 얼마예요?

* 철화: 생장점이 띠 모양으로 변이된 식물

그날 화원에서 들인 아이들.

아메치스
방울복랑
만손초
룬데리
마크로칼릭스

부푼 꿈을 안고 집으로 향했다.

그랬지만…

전부 다 죽고
살아남은 건 만손초뿐.

이것은 다육이
키우는 만화인가
죽이는 만화인가….

그나저나 언니
요즘 다육이한테
푹~ 빠졌던데?
후우우우~
남친도 없고오~
그게
핵심이구나….
기댈 곳은
다육이뿐이란다.
에에이~ 걱정 안 해~
언니는 금방 생길 거잖아.
민망하지만
인정.
스윽
이거
얼마예요?
헛! 드디어 첫 손님인가!!
개시닷!
이게 오늘 새벽에 만든
완전 신선~ 따끈따끈한
캔들인데요~
수절
주절
얼마냐니깐요.
원래 한 개에 만오천 원인데,
첫 손님이니까
만 원에 드릴게요!
!
그리고
부록으로 이것도
드릴게요!

* 테라리움: 밀폐된 유리 용기 안에서 작은 식물을 키우는 것

가시 때문에 인간에게 미움도 받지만

그런 악플 많이 받아요.

가장 친숙한 식물이기도 한 선인장.

뭐, 숙명이랄까.

그런 선인장은 다육 식물일까 아닐까?

사와로 선인장 소노란 사막 거주. 150세.

…

다육 식물 정기 총회

바오밥나무

에~ 선인장은

다육 식물에 속한다.

흥!

독립할까 했더니.

그렇죠 뭐.

그릇

그릇

그릇

다육 식물에 속해는 있으되 독립한 1인 아티스트 같은 선인장.

괜히 나갔다 왔네.

집이 최고여~

헤이, 왓썹!

컴온요~

자생지는 아메리카 대륙으로 한정되어 있다.

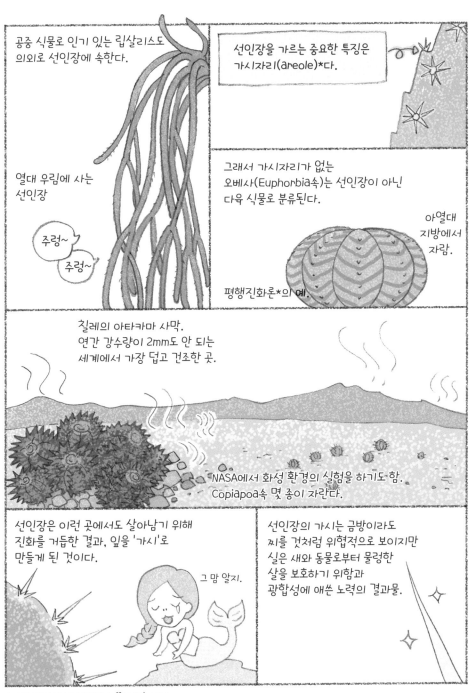

공중 식물로 인기 있는 립살리스도
의외로 선인장에 속한다.

선인장을 가르는 중요한 특징은
가시자리(areole)*다.

열대 우림에 사는
선인장

주렁~

주렁~

그래서 가시자리가 없는
오베사(Euphorbia속)는 선인장이 아닌
다육 식물로 분류된다.

아열대
지방에서
자람.

평행진화론*의 예.

칠레의 아타카마 사막.
연간 강수량이 2mm도 안 되는
세계에서 가장 덥고 건조한 곳.

NASA에서 화성 환경의 실험을 하기도 함.
Copiapoa속 몇 종이 자란다.

선인장은 이런 곳에서도 살아남기 위해
진화를 거듭한 결과, 잎을 '가시'로
만들게 된 것이다.

그 맘 알지.

선인장의 가시는 금방이라도
찌를 것처럼 위협적으로 보이지만
실은 새와 동물로부터 물렁한
살을 보호하기 위함과
광합성에 애쓴 노력의 결과물.

* 가시자리: 가시나 새 가지, 꽃이 피는 자리
* 평행진화론: 공통 조상을 가져 비슷한 형질인 생물체가 독립적으로 진화한 것

다시 사와로에게 돌아와서

작은긴코박쥐, 꿀벌, 새들이 수분시켜 주면 씨앗이 발아해서 자라게 되는데, 꽃을 피울 만큼 다 클 때까지는 무려 30여 년이 걸린다.

팔로버드 나무

15년 동안 30cm씩 자람.

특징인 팔 같은 가지가 나오려면 75년이 걸린다.

가지 수로 나이 측정.

arm

15m 이상 자라며 175년에서 200년까지도 산다고 한다.

꽃은 밤에 피며 단 24시간뿐!

꿀 먹으러 와요!

투박한 외모와는 달리 마음씨가 너그러워 사막의 모든 동물에게 자신의 몸체를 내어준다.

처음엔 딱따구리가 구멍을 내어 둥지를 틀고

딱따구리는 사와로에 해로운 곤충을 잡아 주는 공생.

닥다구리가 살고 나가면
요정부엉이(elf owl)가 와서 산다.

헤헤, 전 주인이
잘 쓰고 갔네.

입주비 공짜
완전 득템!

사와로는 구멍이 났을 때 즉시 굳은살을
만들어 자신을 보호하는데 몸체가 죽은 후에도
이는 남아 '사와로 부츠(saguaro boot)'라고
불린다.

신발 모양

원주민이 물통이로 사용.

소노란 지역의 토착민인 토오노 우담
(Tohono O'odham) 부족은
사와로의 열매를 먹기도 하고
치료제로 쓰기도 하였다.

죽은 사와로
뼈대로
만든 도구

사와로는 심지어 죽어서도
사막 곤충들의 피난처가 되어 주니

그야말로 다 퍼 주는
식물이라 하겠다.

언젠가 팔 벌린
사와로들 사이를
걷는 상상을 해 본다.

스윽

그리고 묻고 싶다.

나 잘 살아가고 있느냐고…

200년간 그댄 어찌 살았느냐고.

많은 이야기를
듣게 될 것만 같다.

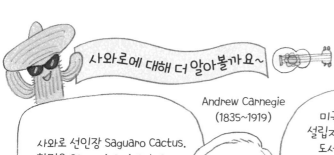

사와로에 대해 더 알아볼까요~

Andrew Carnegie
(1835~1919)

사와로 선인장 Saguaro Cactus.
학명은 Carnegiea gigantea.
철강왕 카네기를 기리기 위함.

미국 카네기 철강 회사의
설립자. 전 세계에 2,500개의
도서관을 건립. 전 재산의
90%를 사회에 환원함.
아낌없이 주는
사와로와 닮았지
않은가!

부자로 죽는 것은
수치스러운 일이다.

"반드시 밀물 때는 온다.
그때 저 바다로 나아가리라."

카네기의 사무실에 걸린
그림에 적힌 문구라고 함.

사와로라면
왠지?

비는 반드시 온다!
그때까지 참고
또 참겠노라~

이글 이글

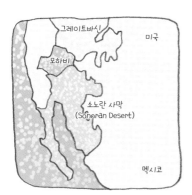

그레이트바신

미국

모하비

소노란 사막
(Sonoran Desert)

멕시코

[사와로 국립공원]
미국 애리조나 주(州)에 위치.
3월~5월 사이에 가면 사막에 가득한(?)
꽃들을 볼 수 있어 여행 추천 시기.
사와로들을 눈앞에서 생생하게 볼 수 있는
트레킹 코스가 잘 발달되어 있다.

미국을 가게 된다면
꼭 가 보고 싶은
선인장의 성지.

다음 날.

그렇게 첫 분갈이를 하고
몸살을 얻었습니다.

야오오,
삭신아~

그건 분갈이당한(?) 다육이들도
마찬가지. 새 화분에 잘 적응하도록
지켜봐 주세요!

아프냐?
나도
아프다….

The 분갈이

재료 준비

분갈이 흙

큰 고무 다라이
(대야가 맞는
표현이지만~)

코팅 처리된
원예용 장갑 혹은
빨간 목장갑

편한 복장

신문지나
돗자리도 OK

가는 마사토   굵은 마사토

숟가락   핀셋   갈망

옮길 식물

새 화분

➡️

➕

시간과
체력

분갈이는 봄이 가장 적기!
(여름이나 겨울은 피해 주세요.)
비닐 포트에서 옮겨 주거나 기존의
화분이 작아졌을 때 합니다.

한 번 하면
큰 공사예요~
한거번에 해야
편하답니다.

비슷비슷하게 생겼어요!

만손초 vs. 천손초, 불사조 vs. 샹들리에(금접) 구별법!

만손초

천손초

가장 큰 차이는, 천손초는 잎 뒷면에 줄무늬가 있다는 거!

골고루 달리는 자구.

불사조 옆

샹들리에 위

불사조와 달리 샹들리에는 끝부분에만 자구가 달려요.

옆

이 중에 만손초와 불사조를 키우고 있는데 정말 생명력이 장난 아니네요!

왜 만손초의 클론을 보면 '음표'가 생각날까요?

꼭 노래하고 있는 거 같아요!

야생에서는 1.8~2m까지 자란다고 하네요.

실제로 보면 괴물(?) 같으려나.

대형 만손초

출처: isaac farms 인스타그램

죽으려야 죽을 수 없는? 마력의 소유자 만손초~

자고 일어나면~ 쑥쑥

이대로라면 지구 정복의 날도 머지않은? 클론의 습격~

당신의 가든에도 찾아가기를~

여기서 타샤 튜더란?

본업은 동화 작가 겸 일러스트레이터.

매일매일 정원을 가꾸고 직접 옷을 만들어 입으며 자연주의적 삶을 살았다. 2008년 타계. 그녀의 이야기는 책으로도 발간, 다큐영화도 제작되었다.

엄마의 애장품들

타샤

DVD 타샤 튜더

타샤가 애정한 코기들

그녀의 삶은 정원 그 자체라고도 할 수 있었다.

무튼 그런(?) 정원을 가꾸기 위해 이사 전 밑작업이 한창.

아버지는 삽질하시고

엄마는 잡초 뽑기.

뭐… 도와줘?

넌 물이나 줘라!!

네~

엄마의 야생화도 물론 미리 이사했다.

물 호스가 어디 있지?

알아서 찾아야 하는 분위기.

물 그까이꺼~~

쑤아아~

5분 후.

그런데… 아직 여름도 아닌데

햇볕… 겁나 따갑네!! 실내랑 차원이 다른 노지 햇볕!

아놔~ 선크림까지 깜빡.

이 땡볕에서 물 주기 이걸 매일 해야 하는 거??

끄어, 30분이나 걸렸어.

* 텃밭이나 노지 식물은 여름엔 2번씩 물 줘야 함.

70

71

73

● 2화 ●

초보 다육러는 진화 중?

* 다메(だめ): 일어로 안 된다는 뜻

물 주기 팁 심화 편
식물마다 물을 먹는 방식도 다르다?

지중해 스따~일.

율마 같은 허브류는 샤워하듯이 몸 전체를 적시는 게 포인트.

잎이 큰 관엽 식물들은 가끔 잎 표면을 닦아 주기도 해요.

TV 드라마를 보면 회장님들이 난을 닦는 장면이 자주 나와요.

회장님은 식물러? 회장님 스따~일.

얼굴이 통통한 우리 다육이들은 몸에 닿지 않게 밑으로 주며~

주기적으로 저면 관수로 줘서 흙이 굳는 현상을 방지!

흙이 굳으면 통풍이 원활하지 않고 과습의 원인이 됨!

당신의 물 주기는 안녕하신가요?

식물러에게 전해 오는 말이 있다고 한다.

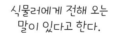

이 책에 나와용.

바로… '물 주기 3년'.

3년은 지나야 물 주는 '감'에 대해 알 수 있다는 뜻.

3년이나!

반려 식물과 최대한 교감하는 것이 바로 물 주기. 그 외길 3년 걸어 봅시다.

집에는 엄마가 키우던 기다랗고 큰 선인장이 있었다.

← 이 녀석이 새끼를 쳐서 세 마리!

집에 들인지 수년이 지났을 무렵.

소노야, 자? 선인장 꽃 피는데?

부모님이랑 같이 살던 시절.

우움~ 아, 낼 볼래요.

・・・

마감하고 지쳐 일찍 잠듦.

다음 날 아침.

아! 선인장 꽃 폈다고 했지.

아옹~

두근두근

둘두~

살다 살다 선인장 꽃을 다 보네.

손바닥보다 크다.*

향기는 없지만 되게 우아하고 화려하네.

쿵쿵

처음 본 선인장의 꽃.

다음 날 새벽.

아직 있을까….

두근두근

* 자생지에서는 지름 30cm 정도

에잉~

벌써 지다니~

하루 만에 지는구나.
아쉽다.
어제 더 볼걸….

1년에 하루.
것도 단 몇 시간만 피는
귀면각의 화려한 꽃.

그 아름다움은 찰나의 순간.
그래서 더 아름다운 순간.
내년에도 또 화답해 주려나?

화려한 선인장꽃들

실제로 보신다면 정말
놀랄 만한 선인장의 꽃.

식물러에게 '꽃'이란 그동안
가꿔 온 노력의 결정체.
클라이맥스의 순간이랄까요?
특히, 뾰족한 가시와 대비되는
선인장의 꽃은 이질적일 정도로
아름답네요.

조화
느낌 남.

둘러볼까요~

✿ 선인장 꽃 퍼레이드

귀갑목단
Ariocarpus fissuratus

꽃은 여리여리~
바디는 거북이 등껍질처럼 거칠.

백조
Mammillaria herrerae

하와이 소녀 느낌~?

화관
같아~

월하미인(月下美人)
Epiphyllum oxypetalum

착생선인장인 가재발
선인장의 한 종류
공작선인장(Epiphyllum)을
개량한 것.

밤에만 꽃을 볼 수 있어
월하미인이라 부름.
향기도 좋다고~

영명은
queen of the night
(밤의 여왕).

역시 착생 선인장인
립살리스
Rhipsalis baccifera

새끼손톱보다
훨씬 작은 꽃.
별 사탕 같다.

으으

그리고 늘 꽃이 피어 있는 효과의,
그래서 탄생한
비모란이 있죠.
Gymnocalycium mihanovichii

인위적이라
개인적으로
안 좋아하지만.

징그러~

언젠가 직접 기른
다육이로 꽃 피우는
날이 오기를….

제발
살려만
다오!

* 생생한 선인장의 꽃을 더 보고 싶으시다면 《선인장 바이블》이란 책을 추천해 드려요!

용설란(龍舌蘭)
Agave americana

용설란이 테킬라의 재료라는 것은 나름 알려진 이야기다.
하지만 그 용설란이 우리나라의 역사와 관련이 있다는 것은 아는지?

1905년 4월 1,033여 명의 조선인들이 인천 제물포항을 떠나게 된다.

그들이 도착한 곳은 멕시코 남부 살리나 크루즈 항.
용설란의 한 종류인 에네켄(Henequén) 농장으로 보내지게 된다.

그곳에서 노예만도 못한 고된 노역을 하게 되는데 이들이 바로 '애니깽'*이라 불리는 조선인 이민자들이다.

* 애니깽: 에네켄의 한국식 발음

애니깽?
영화 제목으로
들어 본…

게다가
심지어~

지금까지…
야한 영화인 줄 알고…

맙소사~

무늬

꽥

편견이 이렇게
무섭습니다.

무튼 영화 포스터가

HENEQUEN

작열하는
태양아래
사랑,
증오,

배우 장미희

기다림으로 점철된
女人의 삶

애니깽

그 어디에 에로에로함이?

포스터 문구나
줄거리는 보지도 않고
'이미지'로만
기억했다니!!

80~90년대엔 에로 영화가
많이 제작되긴 했었다.

1997년 개봉하여 대종상에서 4개 부문을 수상했는데,
당시 안기부에서 제작 지원을 해서 영화계 희대의
스캔들로 남았다.

어릴 때부터 왜 '애니깽'일까
궁금했는데 몇십 년 만에 알게 되네.
다융이 덕분에.

부끄
부끄

다융서울

애니깽. 그들은 하루에 에네켄 잎을 천 개씩이나
따야 하는 고통 속에서도 고국에 돌아 갈 희망으로
버텨 내고 있었다.
하지만 1910년 한일강제합병으로 무국적 신세가
되자 멕시코 이민 1세로 남게 되었다.

클럽에서 테킬라에 취해
헤롱거리면서도

달려 달려

식물원에서 커다란
용설란을 보면서도

알로에같이
생겼네.

다육식물

한 번도 생각하지 않았던, 못했던
용설란의 숨겨진 이야기.

고국으로 돌아갈 날을 기다리고
기다리며 사무친 그 그리움…
짐작이나 할 수 있을까.

다음에 용설란을
다시 보게 된다면
전하고 싶다.

'고맙습니다.'라고….

세기의 식물 - 용설란

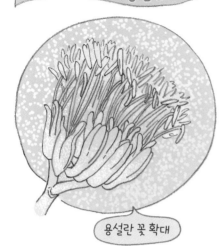

용설란 꽃 확대

선인장으로 오해를 많이 받지만
멕시코 특산 다육 식물.

10년 정도 자란 후 평생 한 번 꽃을 피운다.
그리고 1년 안에 죽기 때문에 100년에 한 번 핀다고
과장하여 세기 식물(century plant)이라는
별칭이 붙었다.
아시아권에선 잎이 뾰족하여 용의 혀처럼 생겼다고
용설란(龍舌蘭)이라고 부른다.

잎에서는 밧줄용 섬유를 채취하고
그 가시가 날카로워 울타리 용도로
심기도 한다.

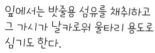

코아

[블루아가베의 피냐]

히마도르*가 칼로 잎을 전부 쳐내
동그랗게 만드는데, 이를 피냐*라고 한다.
이 안에 수액이 가득 들어 있어
테킬라를 만드는 것. 피냐를 쪄서 발효시켜
풀케(pulque)라는 전통주를 만들고
이를 증류한 것이 테킬라이다.

* 히마도르: 전문 채취꾼
* 피냐(piña): 파인애플. 잎을 다 쳐내면 파인애플 모양이 되기 때문

멕시코에서는 버릴 데가 없는 식물이고
우리에겐 고난의 역사로 남았다.

온실 같구나… 이곳은.

사실…

새벽부터 나오는
것도 짜증.

오늘 하루를 공치는 것도
짜증이 났다.

엄마가 환자복
입은 모습도….

짜증이 나는 내게
또 짜증.

소독약 냄새가 아닌 잠깐의 휴식을 주는 이곳.

'공간'이 마음을 편안하게
해 주기도 하는구나.

오늘 하루를 보상받는 기분.

이런 곳이라면 담에
또 와도 좋…

아니, 건 아니지,
병원은 노노!

저녁도 여기서 먹고 가자.
엄마가 밥하리?

오예

이번엔
누가 사지?

때는 초여름.

문제는 그것! 바람~ 바람~ 바람

내 다육이엔 왜 '그게' 없는 걸까?

백화점의 식물들에게 있는 '그것'.
금손의 식물들에 있는 '그것'.

바로···

'윤기'!

과습도 아니고 직광도 아니고
적당한 거 같은데 뭐가 문제일까?

흥~

이것은 정말 나중에서야
알게 된 것인데 식물을 기름에 있어
햇빛, 물만 생각하기 쉽지만

뀨?

놓치기 쉬운 게
있었으니 바로···

'바람'이었다.
실내에서는 통풍.*

맙소사.

켁, 무슨
냄새야~

* 통풍(ventilation): 바람을 통하게 하는 것

공기가 쌓이고 쌓이면 순환하지 못해 무겁고
숨이 탁탁 막히는 느낌을 갖게 된다.

환기 좀
시켜야지.

드륵

혼자 사는
여자 냄새가?

그래서 추운 겨울에도 하루에 한 번은
창문을 열라는데. 사람도 그럴 진데
말 못 하는 식물은 오죽하랴!

그걸 이제 알았냐!
이 무늬만 다육러야!

당연히 식물은

빛

물 주기

제일
뿌듯한
순간.

또르르

그리고 약간의(?)
신경만(?) 쓰면
되는 줄 알았는데!

츠핏~

물 언제
줬드라?

바람이었다니…

시원해.

좋아
좋아.

미쵸~

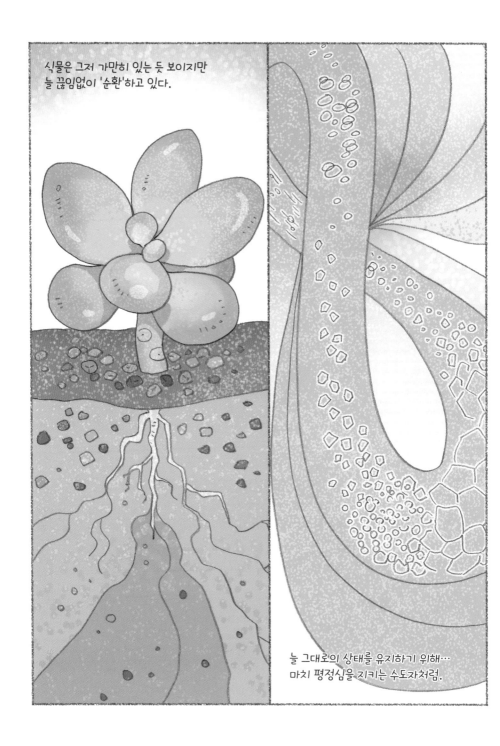

식물은 그저 가만히 있는 듯 보이지만
늘 끊임없이 '순환'하고 있다.

늘 그대로의 상태를 유지하기 위해…
마치 평정심을 지키는 수도자처럼.

변신하는 식물이었던 거야??

언니 미쵸~

알고 보니 리톱스는 '탈피'를 하는 동물, 아니, 식물이었던 것이었다!!

탱글

탱글

내 안에 또 내가 있네?

하루가 다르게 껍질 안의(?) 리틀이 시즌 투는 여물어 갔다.

헤이, 안녕? ~

새로운 나야~

난 이제 꽉.

탈피를 하는 식물이 다 있다니….

뱀도 아니고~

너 동물이니 식물이니?

잠시 리톱스의 고향 남아프리카 나미비아 사막으로 가 보자.

황량

황량

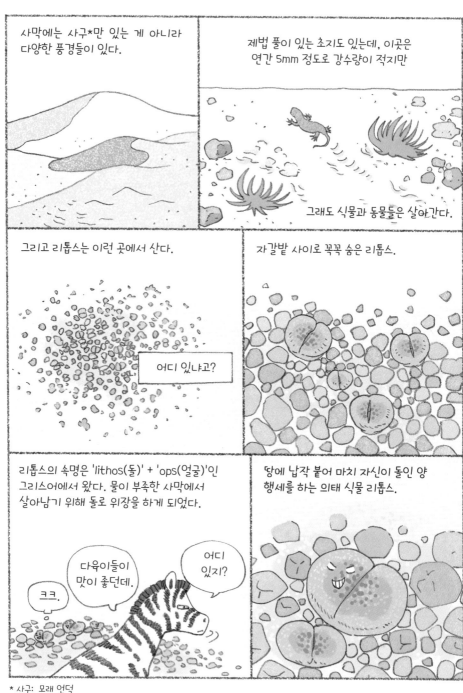

사막에는 사구*만 있는 게 아니라 다양한 풍경들이 있다.

제법 풀이 있는 초지도 있는데, 이곳은 연간 5mm 정도로 강수량이 적지만

그래도 식물과 동물들은 살아간다.

그리고 리톱스는 이런 곳에서 산다.

어디 있냐고?

자갈밭 사이로 꼭꼭 숨은 리톱스.

리톱스의 속명은 'lithos(돌)' + 'ops(얼굴)'인 그리스어에서 왔다. 물이 부족한 사막에서 살아남기 위해 돌로 위장을 하게 되었다.

다육이들이 맛이 좋던데.

어디 있지?

크크.

땅에 납작 붙어 마치 자신이 돌인 양 행세를 하는 의태 식물 리톱스.

* 사구: 모래 언덕

다육 식물계에도 미인이 존재한다.

언니, 좀 얼려 봐.

뭐야?

누구, 나?

나구먼 허허.

그럼 나네!

그게 아니…

매끈~하잖아 키도 젤 크고.

바로 '미인류'들이다.

흥,

어딜 끼어들어.

'미인'이란 이름답게 동글동글 통통하며 가장 다육스런 모범(?)을 보여 주는 녀석들.

월미인
Pachyphytum oviferum 'Tsukibijin'

방울복랑도 한 미인 하는데 빠진 이유는 모름.

뭐야~

메롱~

무튼 원래부터 미인이었던 건 아니고 다육 산업이 발전한 일본에서 붙인 '품종'명이다.

bijin → '미인'의 일본식 발음.

미인은 만들어지는 거야!

미인의 인기는 대단해서 다수의 품종으로 개량되었는데

흠 흠

비트 주세요.

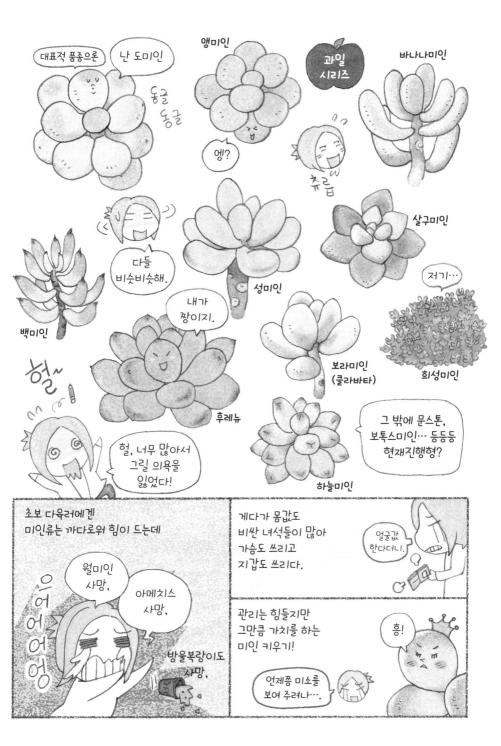

대표적 품종으론

난 도미인

둥글 둥글

앵미인

엥?

과일 시리즈

바나나미인

츄릅

다들 비슷비슷해.

성미인

살구미인

백미인

내가 짱이지.

저기…

헐~

후레뉴

보라미인 (클라바타)

희성미인

헐, 너무 많아서 그릴 의욕을 잃었다!

하늘미인

그 밖에 문스톤, 보톡스미인… 등등등 현재진행형?

초보 다육러에겐 미인류는 까다로워 힘이 드는데

으어어어엉

월미인 사망,

아메치스 사망,

방울복랑이도 사망,

게다가 몸값도 비싼 녀석들이 많아 가슴도 쓰리고 지갑도 쓰리다.

얼굴값 한다더니.

관리는 힘들지만 그만큼 가치를 하는 미인 키우기!

흥!

언제쯤 미소를 보여 주려나….

117

꽤 많은 다육 식물들이 단풍이 든다.

거의 모든 다육 식물은 꽃이 핀다.

방울복랑꽃

당인

염좌

리톱스꽃

루페스트리스

둘 다 놀라운 사실이라고?

보통 기분에 취해 봄에 식물을 들이고

가을 전에 죽… 이게 되니 못 봤을 법한 다육 단풍과 꽃!

꺄이

쉬운 방법은 가을에 다육 식물을 들이는 겁니다. 그리고 꽃이 피려는 녀석을 들이는 거죠.

꺄~

하지만 이상하게도 초보들은 꼭 자기 손으로 피우고 싶어 하는 이상 심리.

툭!

단풍놀이를 하기에 앞서 '단풍'에 대해 알아볼까요?

단풍

계절의 변화로 녹색이었던 잎이 빨강, 노랑, 갈색 등으로 변하는 현상.

단풍나무의 단풍잎

땅에 떨어지면 '낙엽'

118

노지의 다육이 아닌 우리가 실내에서 키우는 다육이는 예쁜 단풍이 들려면 약간의 (아니, 꽤) 수고를 해야 하지요.

바로

쟤 또 온다 피해.

다육이를 '굶기는'* 겁니다!

끄악

날 굶기다니~ 열 받아!!

열 받아 붉어진다는 설. (농담)

물을 자주 주게 되면

냠 냠

가을이 안 오나 봐. 먹고 살 만하네~ 계속 성장만 해야지~

그리고 골고루 예쁜 색이 물들도록 '구워'* 줍니다.

다육님.

아, 뒤집을 시간인가.

그리고 온도 차를 많이 내 줍니다.

아침 저녁엔 서늘하게

아고, 추워.

낮엔 쨍쨍하게~

태닝 중.

* 굶기다: 다육 용어. 물을 안 주다
* 굽다: 다육 용어. 다육 색이 물들게 유도하기

120

이래도 흥야?

어머, 이게 나?

다이어트한 보람이 있네.

붉~ 붉

이런 예쁜 단풍이 들게 하려면 여름부터 신경 써 줘야 하지만

들어라 단풍!

고수 다육러들은 여름에는 선풍기도 돌려 준다고 한다.

좀 더 쉬운 방법이라면 늘 단풍색인 다육 식물로 눈요기를 하는 것도 좋습니다.

아메치스

문스톤

잘 살리면 말이지만.

무튼 이번 가을은 이 녀석들과 함께입니다.

집에서 하는 다육식 단풍놀이~

이오난사의 꽃을 본다면

오늘은 화분을 사러 화원엘 갔다.

화분만 살 거야.

다육이 지름신 금지!

화분을 고르다 입구 쪽에

어? 틸란드시아도 파네?

에이~ 집에 한 마리 있으니 뭐~

어? 붉… 다? 잎이 보랏빛으로 물들었네. 첨 봐!!

게다가 꽃대까지?

틸란드시아 이오난사*
Tillandsia forma ionantha

에~이

꽃피는 걸 사는 건 반칙이지.

킬러들은 능력(?)도 안 되면서 꼭 이런 마인드.

덥썩

저지르자! 반칙!

아 잉♡

며칠 후 집.

으아~

꽃 폈다앙~♡

귀여웡~

* 학명상 '이오난타'가 맞지만 유통명인 '이오난사'로 표기.
  Ionantha는 그리스어로 'ion(보라색)' + 'anthos(꽃)'의 합성어

자구는 모체로부터 충분한 영양분을 공급받은 후 떼어 주는 게 좋다고 한다.

너무 일찍 떼면 천천히 자란다고 함.

알아보고 뗄걸~

엄마 난사는 예전만큼 활력 있진 않아졌고 새끼들은 크는 듯 마는 듯 자라났다.

두 마리 지인한테 분양 보냄.

몇 년을 함께 지내 보니, 정말 귀차니스트, 식물 킬러에게 딱인 녀석이었다.

아무렇게나 내버려 둬도 묵묵히 곁에 있어 주었다.

앗, 물 준 지가 언제더라?

Z
Z

그래서 오늘은 '틸란 가족' 물 주는 날.

티를 안 내니까 자꾸 물 주는 걸 잊게 된단 말야.

그릇에 물을 받아서 퐁당 담가 주면 끝!

정말 쉽죠잉.

몇 시간 정도 나둔 뒤~

잘 먹었나 볼까아~

잘 말려 준다.

물을 먹음 빳빳하게 생기가 돈다.

3년 차 되니 좀~ 자랐다.

꺄아

얼마 전

어? 꽃도 안 폈는데 새끼가 또 세 마리 생겼네?

신기~

점점 풀 죽어 가는 엄마 난사와 쑥쑥 커 가는 새끼 난사들.

끝이 푸석해짐.

← 이번엔 늦게 뗴 줄 생각.

식물도 엄마는 '희생' 코드인 건가.

쳇, 너무해

그때는 몰랐었다. 이오난사는 평생 단 한 번만 꽃을 피운다는 것을.

그 보랏빛 아름다움은…

그 순간뿐이었다는 걸.

선인장 꽃도 그렇고 식물들은 그 꽃 한 송이를 피우기 위해

비나이다
비나이다
이 킬러의
손에서도
꽃 한 송이만~

그토록 인내하고 견디는 것이다.

나도… 내 인생의
꽃을 피울 수 있을까?

ARTO

찬란한 순간을 피우고 사라지더라도.

아냣!

깡뚤

인생은 가늘고 길게지.

무슨 소리!

넌 네 길로
난 내 길로!

🌸 공중 식물(air plant)의 로망

공중 식물, 에어플랜트가 꽤나 인기다.
그중 틸란드시아가 널리 알려졌는데

이 녀석들은 다육 식물군 중 '브로멜리아드과
(Bromeliaceae)'에 속한다.

에헴~
내가 대표!

←잎이 비슷.

저기…
우리가 종수는
더 많은뎅.

브로멜리아드는 대부분
'착생 식물'로 (기생과는 다름)

흙 없이 자라기 때문에
에어 플랜트란 이름이
붙여졌다.

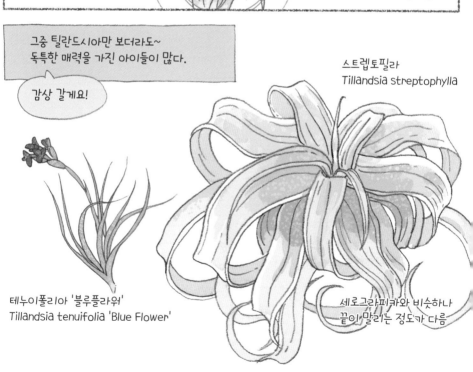

그중 틸란드시아만 보더라도~
독특한 매력을 가진 아이들이 많다.

감상 갈게요!

스트렙토필라
Tillandsia streptophylla

테누이폴리아 '블루플라워'
Tillandsia tenuifolia 'Blue Flower'

세로그라피카와 비슷하나
끝이 말리는 정도가 다름

128

우스네오이데스
Tillandsia usneoides
(유통명: 수염틸란)

통풍 잘 되고 높은 습도를
좋아한다.

틸란드시아 안드레아나
Tillandsia andreana

에크메아 파시아타
Aechmea fasciata
탱크 계열 브로멜리아드
(물을 저장하는 탱크를 지님)

칵티콜라
Tillandsia cacticola
선인장에 붙어 자라서
붙은 이름

귀여웡~

우리가 실내 가드닝 식물로
만나는 틸란은 앙증맞지만.

자생지에서는

밤송이처럼 주렁주렁 매달려 있는 모습이
으스스해 보이기도 하다.

언젠가는 박쥐란(좀 비싸심)을 내 집에
거는 것이 소소한 로망이다.

그날을 꿈꾸며···.

아, 근데 내 집이
먼저 있어야 하네?
못 박으려면.

끙!

소노 says, 이루어지지 않으니까 로망이다.

◇ 로망의 공중식물들 ◇

안전 가는 걸고 말 거야♪공중식물 Air Plant♪

석송

Lycopodium속
양치식물

립살리스
쇼우

공중 식물의
완성이라는?

크리소카디움

녹영
(콩란)

생선뼈
선인장으로
유명

왜지 맛있어보이는
덩굴 식물.

무늬접란

몬스로사

립살리스
화이트

spider plant

NASA 인증 공기 정화 식물.
새끼 같은 러너*를 길게
늘어트리기 때문에
행잉으로 하면 예쁘다..

파마머리같이 생겨
서양에서는 curly sue로
불린다.

제주도민에겐
청각(靑角)처럼 보이며

엄마한테는
귀신머리로
보인다는?

헤에~
이런 거?

크크.

* 러너: 땅 위로 뻗어 가며 뿌리를 내리는 식물의 줄기

오늘은 해외 SNS에서 많이 본~ '마크라메 플랜트 행거' 만들기를 도전!

다움이를 우아하게 공중에~

마크라메(*macrame*)란?

아라비아에서 유래된 레이스 공예. 1970~80년대에 유행하다 최근에 레트로 붐을 타고 다시 인기를 끌고 있어요!

이거예용.

안녕하세요? 마크라메는~

두 가지만 있음 할 수 있어요!

손!

실과~

쉽죠?

응? 웬 옷 행거가 있는 거지?

그럼 우선 보실까요~

이게 기본인 스퀘어매듭이구요~

변형하면~

앗, 딴생각하다 놓쳤다.

저, 선생님? 여기요~

십 분 후.

다리가….

어?

털썩

이래서 의자가 있었구나.

휴.

132

잠시 후.

의자에 앉아서 하니 이젠…

팔이 겁나게 아프네!

마비될 거 같아. 벌서는 기분?

내 건 모양도 구리잖아.

속도도 느려~ 우잉~

선생님의 손길을 받아

어쨌거나 완성!

멋진(?) 플랜트 행거

후아

마크라메 제품이 비싼 이유가 다 있었어!! 담엔 그냥 사야지.

내 팔~ 내 다리.

우아는 개뿔~ 완전 중노동이잖아!

그날 집.

원래 요기 달려고

월셋집인데 못은 좀 그렇지?

실은 귀찮~

그리고 마크라메는 몇 년이 지난 지금까지도 천장에 걸리지 않았다고 합니다.

흠 흠

Z Z Z

원데이 클래스는 원데이로 끝!

133

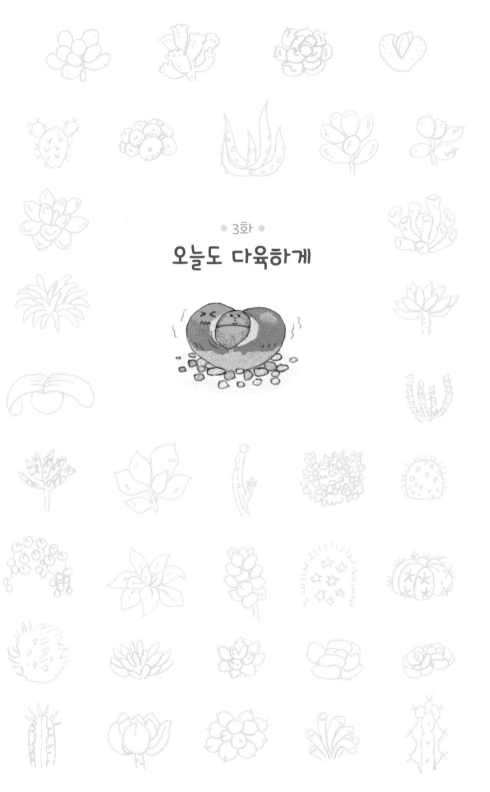

● 3화 ●

오늘도 다육하게

나 같은 식물 킬러와는 반대로

그 사람의 손을 거치면 어떤 식물도 잘 길러 내는 사람이 있다.

이른바, '식물 금손'.

내 주변에 릴리가 바로 그런 사람이다.

언니~

마을 시장의 녹색 추억 편에 등장.

자신만의 공간을 갖게 된 뒤로 식물을 들이기 시작하더니.

딩동~

잠깐만~

오늘은 집들이 날.

오느라 힘들었지?

어서 와.

무럭무럭 길러 냈다.

다 죽은 걸 살려 내다니~

유, 윤기가 난다.

행복해요~♪

앙!

앙!

136

알미울 정도로.

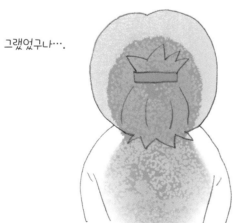

그랬었구나….

그린 핑거가 알려 드립니다.

다육 식물을 키우다 보면 시든 잎이 말라 비틀어져 붙어 있곤 한다.

여기

본능적으로 또 '떼어' 주고 싶다. 병인 듯.

오지 맛!

으으~

특히 리톱스의 경우 탈피한 껍데기.

떼지 맛!

앙, 그래두~

습한 날씨가 계속되거나 할 땐 떼어 주는 편이 좋다고 한다.

통풍을 위해~

이런 말라 버린 잎을 다육계에서는 '하엽(下葉 lugs)'이라 하는데

하엽은 잘못 떼면 오히려 상처가 나서 병충해가 생길 수 있으니

…

엄마네 집에 김치 얻으러 가는 날.

반통만 달랑 달랑

엄마 차 고치러 잠실 가야 하는데 혼자 심심하네?

잠실?

으~ 멀어 안 갈래.

김치값 받을까? 엉? 저게 얼마친지 아니?

깨갱

다 되면 연락 드릴게요. 몇 시간 걸려요.

잘 부탁드려요.

에구 지겨워.

시간도 남는 김에 근처 석촌호수를 걷기로 한 엄마와 나.

WORLD

석촌호수 한가운데는 비현실적으로 동화의 성이 있다.

바로 놀이동산 매직아일랜드.

멍~

오늘도 돈이 없어서 놀이기구를 못 탔다니…

킥

차 고친 거 아버지한텐 비밀이다?

당근!

오늘 재밌었어. 담에 또 오자.

그래.

다신 오기 힘들겠지 하고 생각했다.

다시 와도… 어릴 때의 추억이 떠오른

goodbye

엄마가 다육이를 사 준 오늘의 석촌호수는 다시 없을 테니까.

그때 산 엄지만 했던
흑룡각은 그 후
제주도 이사에도 같이 갔고
시들해져서 물꽂이로
겨우 살려 내었다.

다시 분으로 돌려보냈는데
근근이 생명을 이어 오다가

시들~

얇아짐.

올해부터 힘을
내기 시작했다.

와, 이게
얼마 만의
새순이야.

사실 그동안 이름도
까먹었다 다시
알게 됨.

미안,
너무 바빠서~

석촌호수에서
데려온 흑룡각.

녀석을 보면 언제나
그날의 추억이
떠오르겠지.

155

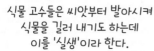

식물 고수들은 씨앗부터 발아시켜
식물을 길러 내기도 하는데
이를 '실생'이라 한다.

으아~ 초부럽.

동물로 비유하면 계란을 부화시켜
닭으로 키워 낸 것이 아닌가.

꼬끼오오

그야말로 성취감의 최고봉일 듯.

무려워~

이런 씨발아(욕 아님! 주의!)
세계에도 유행이 있어서

한때 아보카도 발아시키기가 유행이었다.

뿌리

요즘에
그야말로
핫한 과일!

뿜~

인터넷 보니까
이쑤시개로
이렇게 해서~

아, 넹….

의외로
아버지가!

이댄 식물러도 아니었고
아보카도를 안 좋아해서
관심이 없었음.

물에 동동 띄우면

에이 설마~

156

엄청 잘 자라는 녀석이었다.

발아만 하면
쑥쑥 잘 자람.

무려 15년 후쯤엔 열매도
열린다고 한다.

아보카도
안 좋아하니
패스할래.

15년간 키울
자신 없어서
그러는 거 아냐.

그렇게 씨발아(…)에 중독되면

그래서
작가님 마감이
대체~

씨 가져가서
심어 볼까.

레몬차   자몽차

카페에서 먹고 남은 차의 씨.
포도 먹고 뱉은 씨 등도 발아시킨다고 한다.

물론 SNS에서 본 어느 고수 식물러 이야기.

실화냐!?

비싼 몸값을 주고 들인 녀석도 죽이는
킬러에겐 넘사벽인 씨발아(;;) 이야기.

또냐….

언젠가는 실생을 꿈꿔 보며….

진정한 실생의 여왕

미드 《왕좌의 게임》을 보면
진정한 실생의 여왕.
대너리스가 나온다.

내 이
수모를…

시즌 1

몇천 년(?) 묵은 용의 알로
머더오브드래곤이 되심.

드라카리스!

시즌 8

진심… 초부럽…

시즌 1 정주행 중.

뭐든지 소중히 여기면 마침내 결실을
맺는다는 진정 킹인더미드가 아닐는지….

고부가가치 상품.

요즘엔 다육 식물도
투자 가치가 있다고~

방울복랑금*   돈이 된다고?

무리야 무리~
살릴 리 없잖아….

* 금: 돌연변이로 색이 변한 것

159

엄마의 설득으로 '우리 가족'이 돌보기로 했다.

너, 나중에 후회한다. 그러니….

그 당시 나는 인생에서 꽤나 힘든 시기였는데

지이이잉

어떤 날은 갑작 전화가 와서

네! 응급실요?

응급실엔 보호자가 있어야 한다는 규정 때문에 불려 가기도 했고,

타딱 타딱

정말 싫다. 바빠 죽겠는데.

타딱

타딱

응급하지도 않으면서 왜 응급실이래?

병실에 자리가 없으면 응급실 대기.

기일과 다육이라니

전혀 생각도 못한 조합.

매년 한두 번씩 올 테고… 밥은 먹을 테고…

그럼 다육이들도 매년 만날 수 있는 건가?

히~

고마워요. 아빠.

당신이 어떤 사람인지 알게 해 줘서.

싸워 보게 해 줘서.

내가 클 때까지 키워 줘서….

추석 때 봐요. 그럼.

제사도 없고 벌초도 없지만

나만의 기일… 기리는 법.

식물을 그대로 고사하게 두는 일.
'방치'.

갖다 버리지도 못하고
마음이 약해서라곤 하지만
방치는 자기 변명일 뿐이다.

베란다…
보지를 못하겠어.

이제 예쁘지 않아서
마음이 변해서…

다른 식물에 더 관심이 가서…

싫증이 나서…

귀찮아져서…

'방치'다.

카페라도 가서
작업하자.

플랜테리어
카페네…

까질~

흥, 너도나도
플랜테리어야.

보기에 예쁜 것이
실내 식물의 미덕일까?

카페나 쇼핑몰의 식물들은 반짝거린다.

그들이 언제나
생기 있는 것은
잘 가꾸기 때문이
아니라

시들면 다른
새걸로 갖다 놓기
때문이다.

식물은 때론 그저 장식품 취급을 받는다.
없어지면 다른 대체제가 있는 존재.

왜 인간은 필요할 때는 찾고
함부로 두는가.

개업 축하 화분은 그때 잠깐의
생색내기 이벤트용에 지나지 않는 걸까?

식물에게는 책임을
지지 않아도 되는 것일까.

우리가 먹고, 입고, 자는 것
모두가 자연으로부터 왔다.

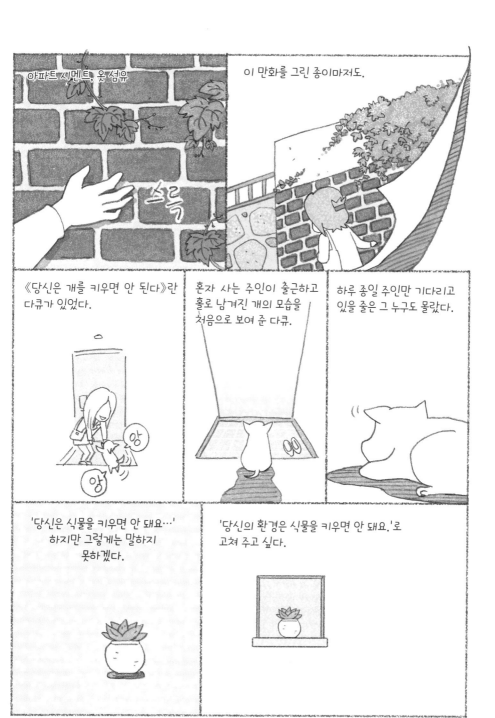

아파트 시멘트, 옷 섬유

이 만화를 그린 종이마저도.

《당신은 개를 키우면 안 된다》란 다큐가 있었다.

혼자 사는 주인이 출근하고 홀로 남겨진 개의 모습을 처음으로 보여 준 다큐.

하루 종일 주인만 기다리고 있을 줄은 그 누구도 몰랐다.

'당신은 식물을 키우면 안 돼요…' 하지만 그렇게는 말하지 못하겠다.

'당신의 환경은 식물을 키우면 안 돼요.'로 고쳐 주고 싶다.

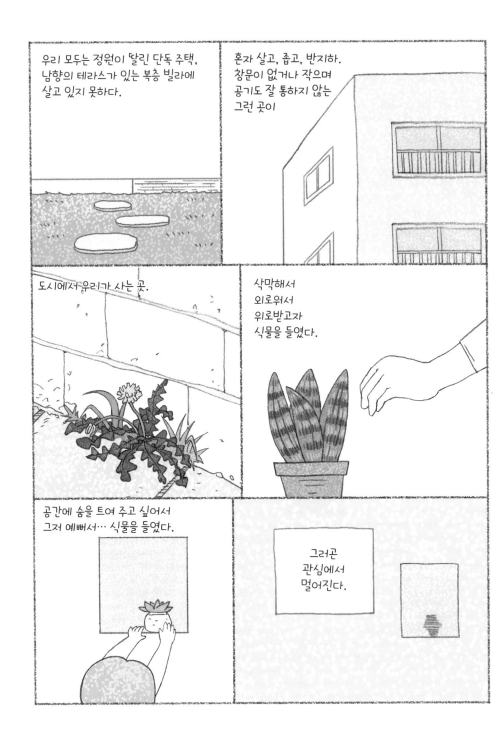

우리 모두는 정원이 딸린 단독 주택, 남향의 테라스가 있는 복층 빌라에 살고 있지 못하다.

혼자 살고, 좁고, 반지하. 창문이 없거나 작으며 공기도 잘 통하지 않는 그런 곳이

도시에서 우리가 사는 곳.

삭막해서 외로워서 위로받고자 식물을 들였다.

공간에 숨을 트여 주고 싶어서 그저 예뻐서… 식물을 들였다.

그러곤 관심에서 멀어진다.

나 또한 제주도로 이사 올 때 비행기 핸드캐리로 고이 모셔 온 이 몬스테라 녀석을 방치시키고 있다.

바쁘게 사느라…
시간이 없어서…

아니, 깊은 마음속에서는

이제 '관심'에서 멀어졌기 때문이다.

식물을 키우는 건 연애와 같은 걸까… 내다 버리지도 못하고 그야말로 방치 중이다.

일말의 양심인가.
그마저도 귀찮은 걸까….

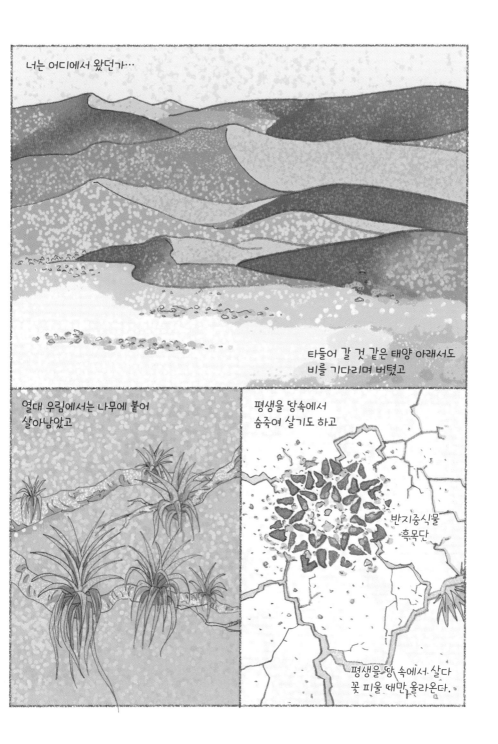

너는 어디에서 왔던가…

타들어 갈 것 같은 태양 아래서도
비를 기다리며 버텼고

열대 우림에서는 나무에 붙어
살아남았고

평생을 땅속에서
숨죽여 살기도 하고

반지중식물
흑목단

평생을 땅 속에서. 살다
꽃 피울 때만 올라온다.

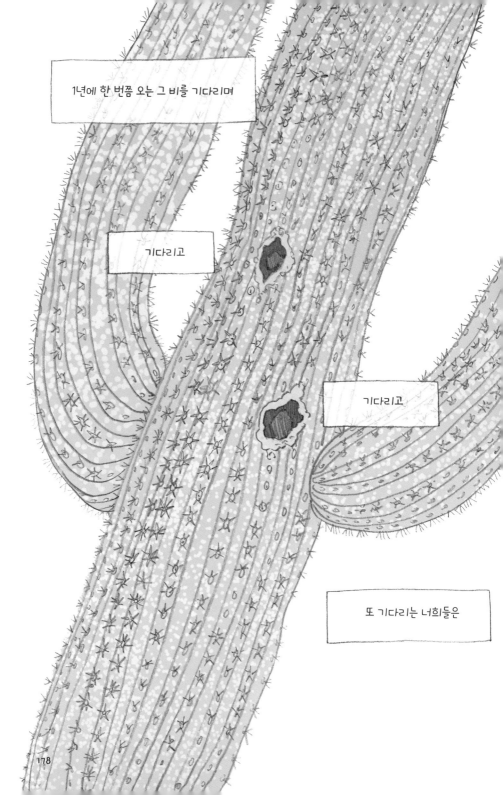

1년에 한 번쯤 오는 그 비를 기다리며

기다리고

기다리고

또 기다리는 너희들은

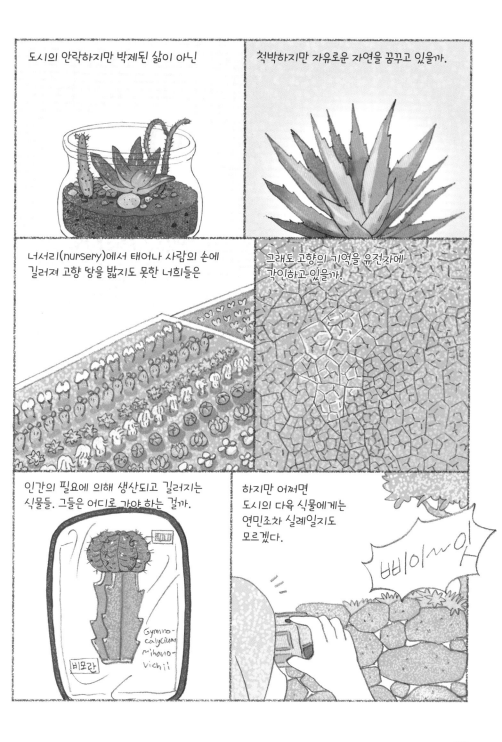

도시의 안락하지만 박제된 삶이 아닌

척박하지만 자유로운 자연을 꿈꾸고 있을까.

너서리(nursery)에서 태어나 사람의 손에
길러져 고향 땅을 밟지도 못한 너희들은

그래도 고향의 기억을 유전자에
각인하고 있을까.

인간의 필요에 의해 생산되고 길러지는
식물들. 그들은 어디로 가야 하는 걸까.

Gymno-
calycium
mihano-
vichii

비모란

하지만 어쩌면
도시의 다육 식물에게는
연민조차 실례일지도
모르겠다.

삐이~~잌

* 휘파람새: 주로 한라산 기슭에 서식하는 새

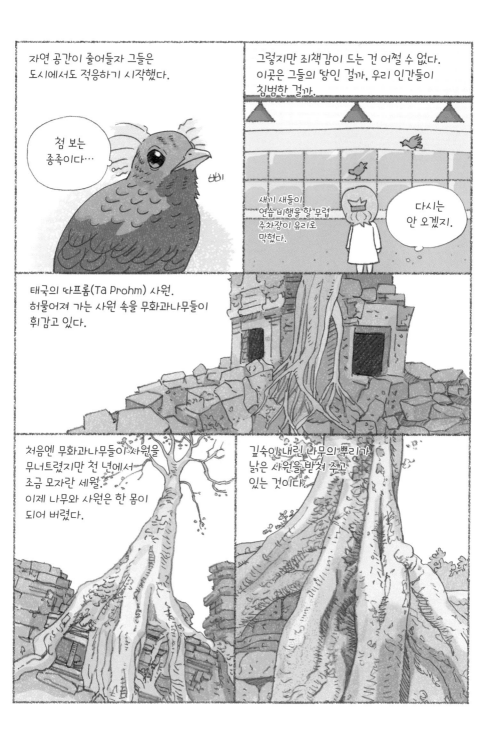

자연 공간이 줄어들자 그들은
도시에서도 적응하기 시작했다.

첨 보는
종족이다…

삣

그렇지만 죄책감이 드는 건 어쩔 수 없다.
이곳은 그들의 땅인 걸까, 우리 인간들이
침범한 걸까.

새끼 새들이
연습 비행을 할 무렵
주차장이 유리로
막혔다.

다시는
안 오겠지.

태국의 따프롬(Ta Prohm) 사원.
허물어져 가는 사원 속을 무화과나무들이
휘감고 있다.

처음엔 무화과나무들이 사원을
무너뜨렸지만 천 년에서
조금 모자란 세월.
이제 나무와 사원은 한 몸이
되어 버렸다.

깊숙이 내린 나무의 뿌리가
낡은 사원을 받쳐 주고
있는 것이다.

181

그러기에 우리는

자연을, 식물의 언어를 배워야 한다.

브륵샤아사나*

* 브륵샤아사나(Vrksasana): 나무 자세

서로의 경계의 영역에서
살아가는 우리들.

우리는 이곳에서 '함께' 산다.
살아가고 있다.

말에는 내가 드러난다.

내가 그리는 만화에도 내 인격이 묻어난다.

뜨끔

내가 식물을 키우는 방식도 '나 자체'이다.

친구를 보면 그 사람을 알 수 있다 하듯이

내 식물은 나를 투영한다.

어느 날 우연히 내게 온 다육 식물.

함께하는 즐거움은
커져 갔지만

기분에 취해 늘리고만
있는 건 아닌지
걱정스러웠고

큰일이다.

내 식물력을
깨우친 순간,

더 이상 늘리지 않고
공존에만 애썼다.

아니, 애썼다는 표현은 옳지 않다.
그대로 겨우 연명했을 뿐이었다.

관심이 덜어진 식물은 차마 버릴 순 없어서
그대로 방치해 버렸고

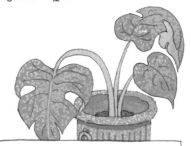

서서히 말라 감을 보다
미안해지면 물을 주곤 하였다.

그리고 책임에 대해 생각한다.

저 녀석의 가느다란 생명이 끊어질 때까지 함께 있어 줘야만 하는 것이다.

그 시기를 늦춰야 하는 것이다.

최대한…

식물은 발도 없고 입도 없다.

어딘가 자유로이 갈 수 없음에 씨를 바람에 날리거나

로제트로 납작 엎드리거나

자기 몸에 구멍을 내어 밑의 잎까지 햇빛을 나눠 준다든가.

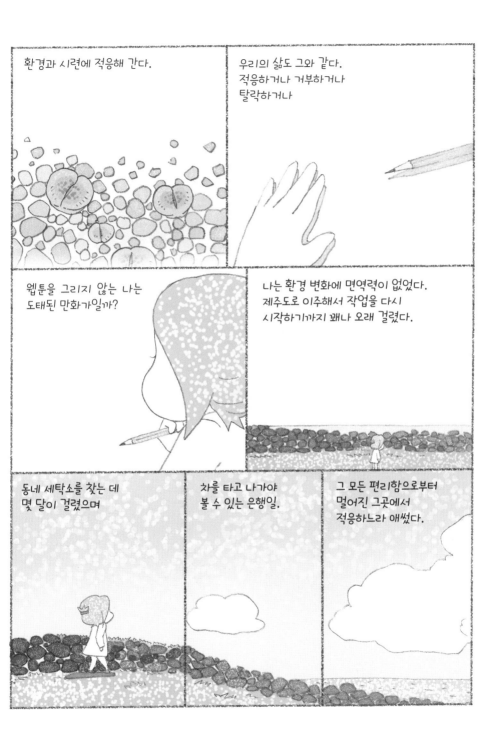

환경과 시련에 적응해 간다.

우리의 삶도 그와 같다.
적응하거나 거부하거나
탈락하거나

웹툰을 그리지 않는 나는
도태된 만화가일까?

나는 환경 변화에 면역력이 없었다.
제주도로 이주해서 작업을 다시
시작하기까지 꽤나 오래 걸렸다.

동네 세탁소를 찾는 데
몇 달이 걸렸으며

차를 타고 나가야
볼 수 있는 은행일.

그 모든 편리함으로부터
멀어진 그곳에서
적응하느라 애썼다.

대신 집 앞에서 바다가 보였고

휘파람새 소리에 일어나고
도시에서 낭비되는 모든 것들이
사라졌다.

실패하거나
다시… 일어서거나.

다육이가 있었기에
그 시절을 버틸 수 있었고

낮은 곳에서 느리게 사는 법을
배워 갔던 거 같다.

나도 언젠가는 진정한 다육러가
될 수 있을까.

금손은 무리…

이번 생은
틀린 거 같기도 한데
말이지….

그래도

안 되려나?

로망을 가지고
살아간다는 것!
그렇게 살면 안 되나?

두근
두근

오늘도 죽이고
내일도 죽이겠지만…

나와 함께 있어 줘서, 고마워.

다육해 줘서 고마워.

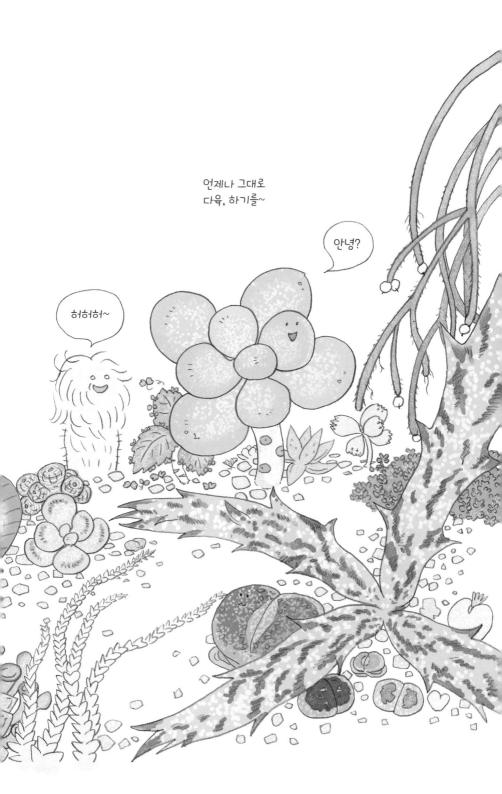

언젠가는 키우고 싶은~

괴상괴상 다육식물 도감

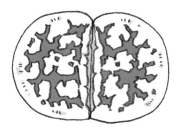

리톱스
(괴상한 외모 덕에
인기가 많은 품종!)

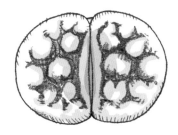

리톱스 카라스몬타나

리톱스
도로시

리톱스 알비니카

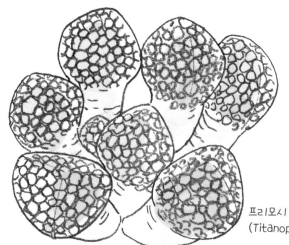

프리모시
(Titanopsis primosii)

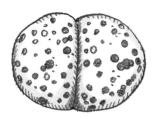

리톱스 펄비십스

리톱스 아우캠피아

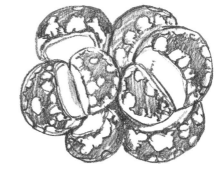

리톱스 오체니아나

코노피튬 반질리

코노피튬 축전

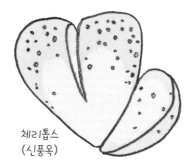

체리톱스
(신풍옥)

코노피튬 칼큘러스

코노피튬 위트버젠스

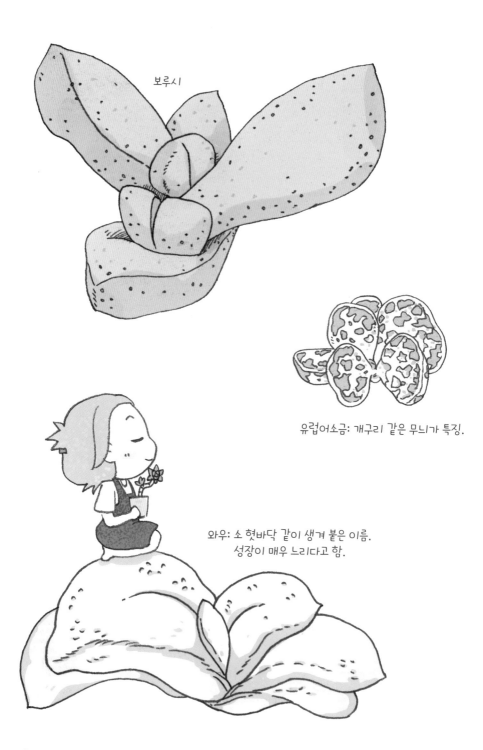

보루시

유럽어소금: 개구리 같은 무늬가 특징.

와우: 소 혓바닥 같이 생겨 붙은 이름.
성장이 매우 느리다고 함.

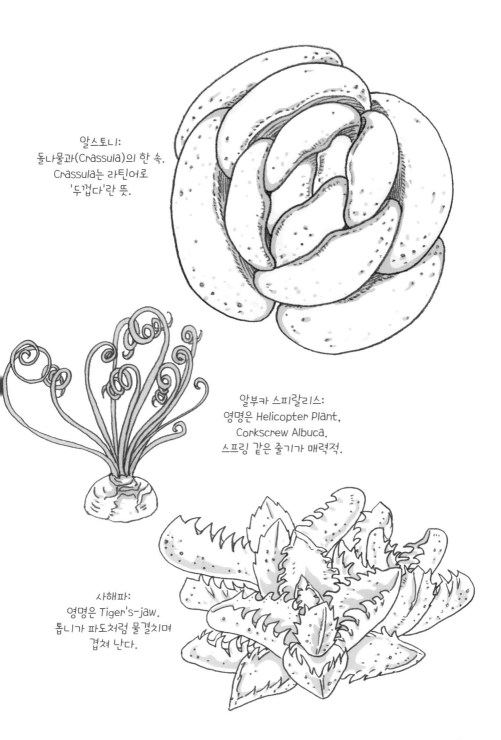

알스토니:
돌나물과(Crassula)의 한 속.
Crassula는 라틴어로
'두껍다'란 뜻.

알부카 스피랄리스:
영명은 Helicopter Plant,
Corkscrew Albuca.
스프링 같은 줄기가 매력적.

사해파:
영명은 Tiger's-jaw.
톱니가 파도처럼 물결치며
겹쳐 난다.

195

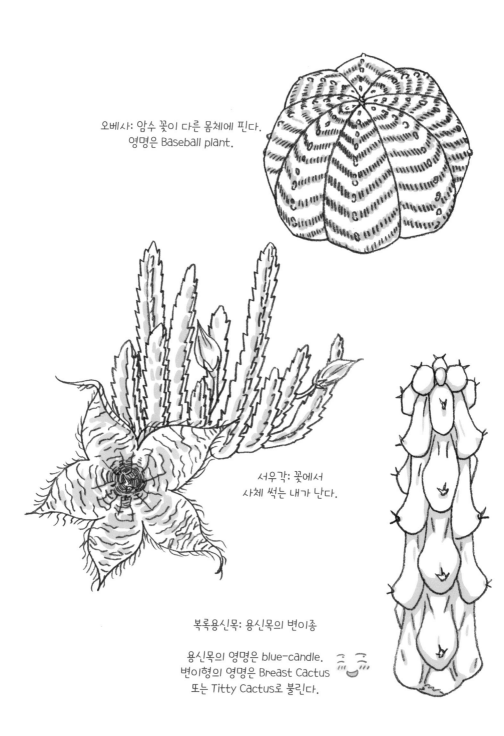

오베사: 암수 꽃이 다른 몸체에 핀다.
영명은 Baseball plant.

서우각: 꽃에서
사체 썩는 내가 난다.

복록용신목: 용신목의 변이종

용신목의 영명은 blue-candle.
변이형의 영명은 Breast Cactus
또는 Titty Cactus로 불린다.

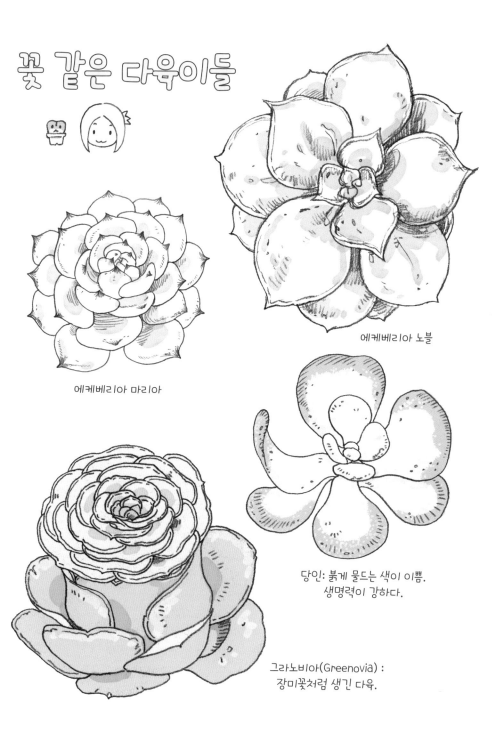

꽃 같은 다육이들

에케베리아 노블

에케베리아 마리아

당인: 붉게 물드는 색이 이쁨.
생명력이 강하다.

그라노비아(Greenovia) :
장미꽃처럼 생긴 다육.

[다육 식물 용어 사전]

대체 무슨 소리인가 싶었던
전문 다육 용어!

· **군생**: 한 뿌리에 얼굴이나 줄기가 여러 개인 것

· **굶기다**: 물을 안 주다

· **굽다**: 단풍 색이 물들게 유도하는 것

· **금**: 원래 색과는 다른 빛의 색이 드는 것. 단풍과는 다른 돌연변이. 금이 든 다육 식물은 가치가 높아지기
    때문에 투자 상품으로서 유행

· **노숙**: 다육이를 밖에서 일광욕시키는 것

· **노지**: 밖에서 자라는 것

· **돌려 주기**: 다양한 각도로 햇빛을 받게 하는 것

· **동형다육**: 겨울에 성장하는 다육

· **러너**: 지면에 붙어 뻗는 줄기

· **로제트**: 방사형으로 나는 잎 모양

· **모주(모체)**: 자구를 번식한 어미 식물

· **목대**: 줄기 부분으로, 나무처럼 단단해진 것

· **무지**: 본연의 색을 띠고 있음

    예) 무지복랑금

· **무지개다리를 건너다**: 반려 동물한테 쓰는 그 의미와 같음

· **묵은둥이**: 오래 살아 묵은 것

· **삽목**: 커팅한 줄기나 자구를 심어서 번식하는 방법

· **생얼**: 철화가 아닌 일반 모양

· **석화**: 성장점이 여러 군데 불규칙하게 나면서 '혹'같이 생긴 것. '철화'와는 다름에 유의

· **수형**: 자라는 식물의 형태 (나무 수(樹) 자여서 나무의 형태에 쓰는 말이긴 함)

· **실생**: 잎꽂이나 삽목이 아닌 씨앗으로 발아시켜 키운 다육. 성공한다면 진정한 식물러!

· **쌍두**: 얼굴이 두 개인 것

·**얼굴**: 다육의 잎 부분(의 중심점)

·**우리 아이**: 일반 식물계에는 잘 없는 다육 식물을 의인화한 표현^^

·**웃자라다**: 햇빛이 부족해서 몸체가 길어진 현상으로, 식물 킬러에게 흔한 일

·**유통명**: 다육화훼 업계에서 붙인 이름. 주로 일본에서 들어온 명칭이 많음

·**원종**: 교배나 변이종이 아닌 순수종

·**잎꽂이**: 다육 식물 잎에 뿌리를 내어 번식시키는 법

·**자구(子球)**: 새끼를 친 것 (뿌리나 줄기로부터 생성된 새 얼굴)

·**저면 관수**: 물을 위에서가 아닌 밑으로부터 잠기게 하여 천천히 스며들게 하는 방식

·**창(窓, window)**: Lithops나 Haworthia류에서 볼 수 있는 식물체의 윗부분에 무늬처럼 생긴 부분
　　　　　　　광합성을 위해 빛을 받아들이는 곳

·**철화**: 생장점에 변이가 일어나 기존의 형태에서 띠 모양으로 파괴된 것. 곤충이나 세균 등에 의해
　　　변하거나 유전자 변이로 일어남

·**하형다육**: 여름에 성장하고 겨울에 휴면기를 갖는 다육

·**한몸**: '군생'과 같은 뜻이나, 여러 뿌리를 합쳐 심은 것도 군생이라고 하기 때문에 구별하기 위한 용어
　　　예) 한몸 군생

·**합식**: 뿌리가 다른 식물들을 함께 심음. 우리말은 '모아 심기'

·**환엽**: 잎 모양이 둥긂

·**sp**: 종(species)의 약자로 이름 없는 교배종

·**spp**: 아종 (亞種, subspecies)

·**var.**: 변종 (變種, variety)

·**학명에서 따옴표(")로 표시된 부분**: 품종(品種, forma)을 뜻함

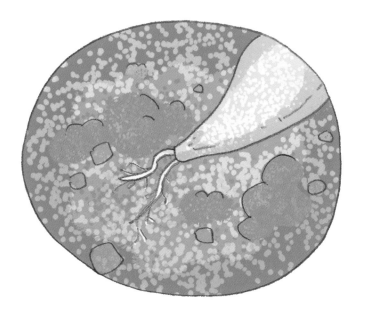

참고 서적 목록

《아무튼, 식물》진정 식물러란 이런 것!
《꽃보다 다육이》리톱스를 들이면서 처음으로 산 다육 식물 책
《식물의 죽살이》식물생리학에 관한 가장(?) 대중적인 교양서
《선인장》선인장에 관한 인문학적인 재미가 담겨 있는 책
《선인장 바이블》생생한 선인장의 꽃과 화보를 보고 싶으시다면!
《브로멜리아드 핸드북》틸란드시아만 알고 있다면? 놀랄 만하게 매력적인 브로멜리아드의 세계
《다육식물 재배노트》부록 페이지의 정보가 쏠쏠
《다육식물도감》
《다육식물 디자인》
《식물의 역사》
《식물 혁명》
《녹색동물》
《식물은 알고 있다》
《식물의 본성》
《식물의 위로》
《매혹하는 식물의 뇌》
《식물수집가》
《아파트 화분 생태계》
《식물과 함께 사는 집》
《정원사를 위한 라틴어 수업》식물 학명에 대한 이해를 쉽게 도와주는 책
《반려식물 - 우리 곁을 떠나지 않는 식물에 관한 기록》
《실내 식물 가꾸기의 모든 것》
《식물용어사전》
《왠지 이상한 동물도감》
《식물을 기르기엔 난 너무 게을러》
《식물 읽어 주는 아빠》
《재미있는 식물 산책 도감》
《식물 저승사자》
《식물생활》안난초 작가의 최초의 본격 식물 만화
《식물 박물관》세밀 일러스트가 아름다운 소장각 도서
《신기한 식물일기 - 리네아의 이야기 3》어렸을 때부터 소장한 기획력이 좋은 그림책
《나의 지구를 지켜줘》추천추천!
《식물 탐정 완두, 우리 동네 범인을 찾아라!》외 다수

Special thanks to

카카오 스토리펀딩 후원자 분들이 있었기에 독립 출판 버전 《다육해줘》가 나올 수 있었고
지금의 단행본 또한 작업할 수 있었습니다. 도와주신 분 성함 한 자 한 자 가슴속에
감사함으로 깊이 새기겠습니다.

컬러링을 해 준 진희, 태정, 가람 씨에게 큰 감사를 드리며
촉박한 일정에도 애써 주신 우리나비 출판사분들,
자신의 위치에서 도와주신 가족분들,

그리고
이 책을 사 주신 여러분께 감사드립니다.

ps. 모두들 다육 하시기를.

다육해줘 식물 킬러의 곰손 극복 분투기

1판 1쇄 인쇄 2019년 12월 11일
1판 1쇄 발행 2019년 12월 18일

지은이 | 소노
컬러링 | 임진희, 강태정, 송가람
펴낸이 | 한소원
펴낸곳 | 우리나비

등록 | 2013년 10월 25일(제387-2013-000056호)
주소 | 경기도 부천시 원미구 원미로 18번길 11
전화 | 070-8879-7093   **팩스** | 02-6455-0384
이메일 | michel61@naver.com

ISBN 979-11-86843-48-2 07470
★ 책값은 뒤표지에 있습니다.

*본 작품은 한국만화영상진흥원의 2019 다양성만화 제작 지원사업 지원작입니다.

이 도서의 국립중앙도서관 출판예정도서목록(CIP)은
서지정보유통지원시스템 홈페이지(http://seoji.nl.go.kr)와
국가자료종합목록시스템(http://www.nl.go.kr/kolisnet)에서
이용하실 수 있습니다. (CIP제어번호: CIP2019050435)